क्या फ़र्क़ पड़ता है

क्या फ़र्क़ पड़ता है

राखी रानी

प्रलेक प्रकाशन प्रा. लि.
Pralek Prakashan Pvt. Ltd.
in Associaton with JVP Publication Pvt. Ltd.

प्रलेक प्रकाशन का लोगो विश्व प्रसिद्ध महान चित्रकार **मिकी पटेल** ने बनाया है।

ISBN : 978-93-90500-06-2 (Paper Back)

प्रकाशक

प्रलेक प्रकाशन प्रा.लि.

PRALEK PRAKASHAN PVT. LTD.

वितरक

JVP PUBLICATION PVT. LTD.
602, 1-3 Global City,
Virat (west), Thane 401303, Maharashtra
Cell : 9833402902 / 7021263557
Email : pralek.prakashan@gmail.com
Website : www.pralekprakashan.com

पहला पेपर बैक संस्करण : अगस्त 2021

आवरण चित्र एवं सज्जा : प्रलेक डिजिटल
पुस्तक सज्जा : Jvp Publication Pvt. Ltd.
लेजर टाइप सेटिंग : प्रलेक प्रकाशन प्रा. लि.

Kya Fark Padta Hai:
Poetries By Rakhi Rani
क्या फ़र्क़ पड़ता है:
काव्य संग्रह: राखी रानी

समर्पण

संक्रामक पीड़ा काल से जूझ रही मानवता को समर्पित करती हूँ अपनी अनुभूतियों की थाती। असमय काल-कवलित आत्मा को भेंट है भावभीनी श्रद्धांजलि।

प्रकाशक की ओर से...

"क्या फ़र्क़ पड़ता है" शीर्षक काव्य–संग्रह डॉ. राखी रानी का पहला एकल काव्य–संग्रह है। जिसमें बहत्तर कविताएँ संकलित हैं। इन कविताओं में कवियत्री के मनोभावों का एक विशाल फलक है जहाँ व्यक्ति, समाज और राष्ट्र केदर्द की अभिव्यक्ति में एक आशान्वित दृष्टिकोण ध्वनित है। चाहे कविता खंडित प्रेम की हो, समाज व राष्ट्र की भ्रष्ट संक्रमण संग्रह व्यवस्था की हो; व्यंग्यात्मक अभिव्यक्ति में भी आशान्वित पक्ष काव्य–संग्रह की विशेषता है।

क्या फ़र्क़ पड़ता है, चक्रव्यूह, सफेदपोश जैसी कविताएँ हमारे दोहरे चरित्र और व्यवस्था पर प्रश्न खड़े करती है तो 'विजयी विश्व कविता' युद्ध की विभीषिका में भी बरनॉल सा मीत ढूँढती है। यही नहीं प्रेम का मानक, मैं और तुम, एक विमर्श, क्षितिज से धूप, पृथ्वी हूँ, समय से संवाद, बरगद, तासीर जैसी कविताएँ समय की प्रतिकूलता में भी पुनर्सृजन के पथ प्रशस्त करती दिखती है 'दिमागी वायरस' कविता कोरोना वायरस के माध्यम से मानवीय चरित्र के संक्रमित वायरस को भी उद्घाटित करती है।

संक्रमण, जमीर, द्विजिह्व, खेती, पक्षाघात, फसल, मर्यादा, तबाही, विश्लेषक, गर्भ बीज, बोझ, सोच, बाजार, दर्पण जैसी छोटी–छोटी कविताएँ मानव मन की कुत्सित वृत्तियों पर पैना कटाक्ष है। समवेत रूप में काव्य–संग्रह का 'क्या फ़र्क़ पड़ता है' शीर्षक कवयित्री की सोच की कसौटी पर खरा है। कवियत्री भीषण प्रतिकूलता में भी सृजन के बीज बोती नजर आती है जबकि व्यवस्था और मानवीय चरित्रह्ता की विभत्सता के व्याल मुख में 'क्या फ़र्क़ पड़ता है' का अट्टहास सहज सुनाई देता है।

जितेंद्र पात्रो, प्रधान संपादक
प्रलेक प्रकाशन समूह

जीवानुभव से निसृत राखी रानी की कविताएँ

'क्या फ़र्क़ पड़ता है', राखी रानी का पहला कविता संग्रह है। उन्होंने अपनी इन कविताओं में मानवीय सभ्यता के विभिन्न उतार–चढ़ावों का अंकन किया है। कविताओं में अनुस्यूत रचनाकार के विचार सहज रूप से स्पष्ट हैं। हमारे अंतर्विरोध हों या हमारे आस–पास की विसंगतियाँ, कवयित्री संज़ीदगी से उन्हें अपनी कविताओं की विषयवस्तु बनाती है। वे मनुष्य की क्षुद्रताओं को लेकर जितना चिंतित हैं, उतना ही प्रकृति के साथ उसके आक्रामक बर्ताव को लेकर। निश्चय ही, ऐसी स्थितियाँ स्वयं मानवीय सभ्यता के लिए कहीं से अनुकूल नहीं कही जा सकती।

इस संग्रह में रचनाकार का पारिस्थितिकी–बोध हमें आश्वस्त करता है। राखी रानी इसके संतुलन और जैव–विविधता की आवश्यकता को लेकर सजग और चिंतित नज़र आती हैं। अपनी कविताओं के माध्यम से इन संकटों की ओर वे उचित ही ध्यान दिलाती हैं। उनकी कई कविताओं में अंधाधुंध और कई बार उपभोक्तावाद के बेमतलब की रफ़्तार और अवसरवादिता की प्रवृत्ति पर रचनात्मक–रोष व्यक्त हुआ है। वह रोष, महत्त संकल्पों, विशाल लक्ष्यों और बड़ी बातों के खोखलेपन पर तंज़ कसता है। विडंबनामूलक ऐसी ही एक स्थिति की ओर इंगित करते हुए राखी लिखती हैं:

'चलो मनाते हैं अखंडता का जश्न!
तलवार की नोक पर चलते हैं!
बमों के विस्फोट में जलते हैं!!
चलो मनाते हैं अखंडता का जश्न!

('अखंड होने को है विजयी')

समाज में बढ़ती हिंसा और बढ़ते अपराध पर भी कवयित्री की दृष्टि जाती है। वे कलुषित और सत्ताकांक्षी राजनीति की मौक़ापरस्त सोच से प्रभावित होकर होती हिंसा तो कभी विकृत या बदले की आग में होती हिंसा पर अपने उद्‌गार व्यक्त करती हैं। अपराध और हिंसा के अनवरत जारी इस सिलसिले से राखी रानी के कवि–मन का चोटिल होना सहज समझ में आता है। 'बीट ग्रास की तरह' जैसी कविताएँ इस श्रेणी में रखी जा सकती हैं।

राखी अपने महसूसे को प्रभावी रूप में इन कविताओं में अभिव्यक्त कर पाई हैं। कवयित्री के पास राजनीति के भीतरी स्वार्थों की परतों को उघेड़ती कई कविताएँ हैं। वह सत्ताभोगी और आम जनता के बीच के संबंधों की पड़ताल करती है। अपनी एक कविता 'कोई राजनीति की'में वे सवाल करती हैं:

'कौन कितने पानी में
कौन बताएगा
पानी की मछलियाँ या पानी के मगरमच्छ'

इस संग्रह में कई स्थानों पर स्त्री–मन के अंतरतम भाव, अपनी संवेदनशीलता और आकांक्षा के साथ उभरे है। उन भावों का संवहन करती कविताओं में आत्मपरकता है, जो साझी अनुभूति के साथ अपना लोकतंत्र रचती हैं। अपनी एक कविता 'कुछ पल बीते' में वे लिखती हैं:

'ओ पीड़ा! चली कहाँ
ठहर यही तू...!
मेरी उजली–उजली हँसी सरीखे'

ऐसी कविताएँ, भाषा और भाव दोनों ही स्तरों पर मन की कोमल अनुभूतियों को व्यक्त कर पाती हैं। यहाँ कई कविताएँ स्त्री–पुरुष संबंधों और प्रेम पर भीहैं। प्रेम की ताकत और उसके सकारात्मक प्रभाव पर राखी लिखती हैं:

'जहाँप्रेम होता है...वहाँ
बगैर किसी सिद्धांत के स्वतः ही
सामंजस्य का सृजन हो जाता है
जीवन!
संयोग में मणिकांचन हो जाता है'
('हारकर भी??')

व्यक्ति के अस्तित्व, उसके संकल्प और बहुआयामीपन को अभिव्यक्त करती कविता 'मैं जो हूँ सो हूँ', संग्रह की एक महत्वपूर्ण कविता है। यह कविता मानवीय अस्तित्व की विराटता को वैयक्तिक–अनुभूति के साथ अभिव्यक्त करती चलती है। राखी लिखती हैं:

'मैं बस जलूँ
मैंहीं दीप–बाती
और चिरंतन लौ भी!
मैं जो हूँ सो हूँ!

मैं सब हूँ
मैं ही अद्वितीय और असंख्य भी
मैं जो सो हूँ'

राखी का रचनाकार अपनी जड़ों से जुड़ा हुआ है। उसे यह भली–भाँति मालूम है कि जितना ज़रूरी उड़ान है, उतना ही ज़रूरी किसी प्रलोभन या झांसेसे बचकर अपने पंखों को बचा कर रखना भी है। आख़िरकार पंख हैं, तभी तो उड़ान संभव है। 'मन के परिंदे' शीर्षक कविता में वे अपने इस भाव को अभिव्यक्त करती हैं:

'जीतना होगा
खुद की मनोवृतियों का...
दुष्कर द्वंद्व युद्ध
निर्भय, निर्द्वंद्व
परिंदा तू प्रबुद्ध
उड़ ले जी चाहे
जितना निर्वाध
है सिर्फ़ तेरा ही
प्रखर आकाश।'

श्रम की महत्ता की अनुगूँज, इस संग्रह की कई कविताओं में है। 'श्रम–स्वेद की बूँदें' जैसी कविताएँ इसका उदाहरण हैं।

कोई कवि जब कविता की दुनिया में आता है तो अपने साथ जीवनानुभव की अपनी संपदा और कहन की अपनी शैली के साथ आता है। राखी रानी अपनी कविताओं में कई जगहों पर अपने मुहावरे और कहन के विशिष्ट अंदाज़ रचती हुई नज़र आती हैं, जो उनकी कविता–यात्रा के साथ क्रमशः कुछ और स्पष्ट, कुछ और सघन होते चले जाएँगे, ऐसी उम्मीद है। उम्मीद यह भी की जा सकती है कि इस संग्रह की ओर भावकों का ध्यान जाया जाएगा और उन्हें ये कविताएँ प्रभावित कर पाएँगी।

–अर्पण कुमार
कवि–कथाकार और आलोचक
संपर्क: मो. 9413396755
ई–मेल: arpankumarr@gmail.com

अनुक्रम

अपनी बात

'क्या फ़र्क़ पड़ता है' कि दिशाहीन दौड़ में समय की लेखनी लिखती जा रही है प्रेम, सौहार्द्र, रिश्ते–नातें, राजनीतिक प्रपंच और आपराधिक गतिविधियों की क्रूर कहानी। आज लोग बनावटी एहसास और बनावटी लिबास पहनकर मानवता की अग्रिम पंक्ति में खड़ा होने की दौड़ में शामिल हैं जबकि हृदय को छलनी कर देने वाली देश की बिखरी तस्वीरें नकलीपन के सारे नकाब उतारती चली जाती हैं जब मन का परिंदा पुनर्सृजन की चाह में सवालिया शब्दों के साथ 'क्या फ़र्क़ पड़ता है' के सामने आ खड़ा होता है। शब्दों में व्यक्त होते परिदृश्यों में प्रेम, सृजन, विमर्श, से लेकर देश की कुत्सित व्याधियों तक की अविराम यात्रा में महज कोरे प्रश्न ही नहीं हैं अपितु उत्कट प्रेम, मन की गहन पीड़ा और अखंडता की परिकल्पना में स्वाभिमान के साथ जीने की छटपटाहट भी शामिल है। कवि मन सिर्फ खुद को ही नहीं जीता अपितु वह परिवार, समाज और राष्ट्र के सजते स्वप्नों को भी जीता है। वह बिखरते–टूटते किरदारों के दर्द को भी जीता है और अपनी लेखनी की यात्रा में वह कब स्व से सारे संसार का हो जाता है पता ही नहीं चलता।

'क्या फ़र्क़ पड़ता है' शीर्षक काव्य संग्रह मेरा पहला एकल काव्य–संग्रह है जिसमें मन की सजल अनुभूतियाँ एक–एक कर रचती हैं प्रेम का सौभाग्य और दुर्भाग्य। छद्म स्वार्थ की सिद्धि में मानवीय मूल्यों का विघटन। व्यक्ति, समाज और राष्ट्र को उनके ही कृत्यों–दुष्कृत्यों का आइना दिखाने की कोशिश में सृजित ये कविताएँ करना चाहती हैं निषपक्ष प्रेम का पुनर्सृजन और वह गाते हुए देखना चाहती है सम्पूर्ण संसार को निर्बंधता के सुरम्य गीत। वह प्रेम की पुनर्स्थापना के लिए लिखती हैं अंतःकरण का युद्ध। त्रिशंकु हुआ मन विश्व कल्याण के लिए हवन की आहुति में समिधा हो जाना चाहता है। भूख से ऐंठती अँतड़ियों के दर्द की लयता में प्रेम का मानक हो जाना चाहता है।

विध्वंस की राग पर मधुमय सृजन की चाह में ही कविताएँ करती हैं विमर्श। ढूँढती है स्त्री विमर्श में ही पुरुष विमर्श का सत्य भी और अंततः प्रेम के समन्वय में ही लिखती है प्रेम की पूर्णता का संगीत। प्रेम की पुनर्स्थापना के संघर्ष में कविताएँ तप्त बालुकाराशी में भी द्युतिमान हो गुलमोहर की शीतलता में आत्मलयी हो जाती हैं। मैं जो हूँ सो हूँ का भाव कविता को तंग और बीमार गली में भी क्षितिज के धूप की चाहना में उर्जावान बनाए

रखता है। चैतन्य स्वर की कविता समय से संवाद करती हुई नदी की सदी होती धारा से क्रंदन करते शिशुवत् शिलाखंडों का पोषण, रक्षण और संवर्द्धन करती है। पौरुष के अंत्येष्टि संस्कार में पुंसवन संस्कार के बीज रोपती है। अमानवीयता के दंभीय परिदृश्य में मजदूरों का दर्द, भूख की कलप और भूख की दरिंदगी को रौंदकर समरसता के विहान में मानवीयता का अखंड संसार निर्मित करना चाहती है जिसकी छत्रछाया में मशीनी यंत्र में भी हो ह्रदय की धड़कन। भूख में भी हो समरस प्रेम की भूख। साइक्लोन में भी हो जीवन का जुनून। न हो मुफलिसी और न ही अक्षय भरत खंड के उपेक्षित खंड के लिए रचे जाएँ मौत के चक्रव्युह। नियति और नीति की स्फटिक हो तस्वीर। वसीयत की दुधिया हो तकदीर। पूज्य हों श्रम–स्वेद की बूँदें। बोनस मौतें महामारी की सलीब पर हार की नहीं अपितु विजयी विश्व के महापर्व में रोपता रहे बरगद... बरगद और बरगद जिसकी छाया हर ले अभिशाप। धो दे सफेदपोशों के अंतस की कालिमा। लौटा लाए प्रजा के मुख मंडल की लालिमा। दूर हो खोखले दिवसीय महापर्व की मनहूसियत। कोरोना वायरस के साथ–साथ खत्म हो जाए कलुषित दिमागी वायरस भी। कौन कितने पानी में मापने के लिए न सेंकी जाए स्वार्थ की रोटियाँ। रुक जाए बारूदी जलजला और चीखें। मौन की तासीर पहचान ले अपनी सख्शियत और परिवर्तन की दहलीज पर हो नैतिकता के निर्वस्त्रण का पुनरावरोहण।

'क्या फर्क पड़ता है 'काव्य संग्रह मनुष्य के दोहरे चरित्र को बेनकाब करने की एक कोशिश है। एक ओर विकृतियों के लाइलाज संक्रमण पर व्यंग्यात्मक प्रहार हैं तो दूसरी ओर मानवीय चेतना की सुषुप्तावस्था को कुरेदने का प्रयास भी है ताकि दोनों ही अवस्थाओं में उत्पन्न निर्वेद भाव से व्यक्ति ऊपर उठ सके। समय के पक्षाघातों के प्रति सजग और स्वस्थ प्रतिरोध में मनुष्य 'क्या फर्क पड़ता है' के आक्षेपों से उऋण हो सके। मन के परिंदे धवल आकाश में निर्भय विचरण कर सके। अखंड प्रेम की पुनर्स्थापना का पुनीत भाव ही मेरी सर्जना की प्रेरणा है। वर्ना 'क्या फर्क पड़ता है' कि हमारी अनुभूतियाँ संक्रमण और मानसिक पक्षाघात को लिखती रहेगी और मनुष्य विकृत परिवेश में द्विजिह्व की तरह झड़ते रहेंगे ; चमन में मात्सर्य भरते रहेंगे। विनीत भाव अपनी अनुभूतियों का संग्रह सम्पूर्ण मानवता को समर्पित करती हूँ।

–डॉ. राखी रानी
अध्यक्ष– हिन्दी विभाग,
देवघर महाविद्यालय, देवघर

1. पुनर्सृजन

चाक पर
आरूढ़ गीली मिट्टी,
सृजन भार लिए पुकारती
हे सृजन हार!
समस्त दुष्वृत्तियों को लीलकर
बनी फिर से मिश्रण,
सुगढ उंगलियों का स्पर्श दो
करो पुनर्सृजन
जिसकी नींव में हो
निष्पक्ष प्रेम राग,
जाति, धर्म, हिंसा का न हो पक्षपात,
गा सके प्राणी मात्र,
निर्भय, निर्द्वन्द निर्बन्ध,
एक ही मुक्त छंद,
सर्वत्र प्यार ही प्यार
गढ़ दो ऐसा ही सुरम्य संसार।

2. अंतःकरण का युद्ध

युद्ध लिखना चाहता है मन
अन्तःकरण का युद्ध,
यक्ष प्रश्न!
इच्छाओं से परे कब हुआ मन?
विशुद्ध प्रेम का
जश्न मनाना चाहता है मन,
खोखले प्रेम के परित्याग के विस्तार में
महाकरुणा हो जाता है मन,
करुणा प्लावित मन
बाँट लेना चाहता है तुम्हारा दर्द
तुम्हारे फफोले ले लेना चाहता है,
मन नहीं होना चाहता है
महज शाब्दिक व्यापार,
मन तो महर्षि हो जाना चाहता है
और ऐंठती अँतड़ियों का
बन जाना चाहता है विशुद्ध आहार,
दधीचि हो जाना चाहता है मन!
और अपनी हड्डियों से
करना चाहता है शत्रु संहार!
अर्थ, धर्म, काम, मोक्ष मेरे शत्रु
प्राप्ति का मोह, मेरा ही प्रतिकार!
बार–बार, बार–बार!

स्व कल्याण में सोऽहं हो जाना चाहता है मन!
विश्व कल्याण में होम हो जाना चाहता है मन!
एक पुड़िया निज व्यथा का
अस्तित्व मिटाकर
ब्रह्माण्ड हो जाना चाहता है मन!
पर देखो तो
मन के गुरुर का गुरुत्व
कब चाहना से मुक्त हो पाता है,
विश्व कल्याण हवन की
समिधा हो जाने के बाद भी नहीं!
देह के साथ भी और देह के बाद भी
अमर होना चाहता है मन!
बार–बार जन्म लेना चाहता है मन,
अंतःकरण का युद्ध लिखना चाहता है मन!

3. त्रिशंकु

जमीं छोड़
उडते पैर हवा में
दरिया, समुन्दर,
जंगलों से....
घूमता बवंडर,
आकाश और
धरती के बीच,
हताश, रुद्ध, शुष्क
लटकता त्रिशंकु की तरह,
ना भोग, ना मोक्ष,
बौनी अपेक्षाओं से
उपेक्षित त्रिशंकु खो चुका होता है
अपने ही पैरों के नीचे की जमी,
बाकी रह जाती है बस
अपने ही ठिगनेपन की कैद से
मुक्त होने की छटपटाहट,
ना भोग, ना मोक्ष,
छटपटाहट अपनी शिष्टता में
आंकती रहती क़ीमत
खुद की और परिष्कृत जमीन की कीमत!

4. द्युतिमान

अनंत बालुका–राशि
मैं गतिमान प्रत्याशी,
अपरिमित ताकत
तलुवों में गर्म
रेत की सरसराहट,
उद्दीप्त होता मन.
शिराओं में निर्विरोध
रक्त परिसंचरण,
दृष्टि स्फटिक
आलिंगनमय...
धरा और क्षितिज,
धरा बन जाऊं मैं
समृद्ध विश्वास,
बाहुपाश में भर लूं मैं
उन्मुक्त आकाश,
ज्ञात है जीवन संघर्षों की
मरीचिका में द्युतिमान हूँ,
पर क्लांत नहीं हूँ
तप्त रेत में भी चलायमान हूँ।

5. प्रेम का मानक

तुम मनुष्य हो
उत्तम गुणवत्ता से युक्त,
मानवीय संवेदनाओं
केमानक पर स्फटिक,
क्यों कि –
तुम महसूस कर सकते हो
अधनंगे, अधमरे बदन का दर्द
भूख से ऐंठती अंतड़ियों का कर्ज,
बंद कमरें में बुझती
प्राण बाती की फड़फड़ाहट में
देखते हो खुद को तुम,
ये भी किसी का
दर्द ले लेने जैसा ही है,
ये भी अपनी ही
प्राण बाती फड़फड़ाने जैसा ही है,
तुम मनुष्य हो निश्चय ही
प्रेम का अलग से कोई मानक नहीं होता!

6. मैं और तुम

अपरिचित नहीं हो तुम
एलियन जैसे किसी
अन्य ग्रह के प्राणी भी नहीं हो कि
समझ ना सकूँ तुम्हारे
समर्पित प्रेम की मूक भाषा!
मेरी ख्वाहिशों के लिए
रोबोट की तरह उपस्थित हो जाना
जो तुमको हो पसंद वही गाकर सुनाना
रात को दिन और दिन को रात बताना
नाता जाने कितना पुराना!
विध्वंस की राग पर
मधुमय सृजन का अनुराग,
सिर्फ मैं और तुम
हमारे ही तो अहोभाग्य!
जाने कैसा तर्क जाल
उलझे बिखरे तार–तार
सँभले बार–बार,
तुम परीचित पुरुष हो!
मेरे दुख में कातर होते हो तुम भी
उच्छ्वास रहित रोते हो तुम भी
तुम भी चाहते हो मेरा कुशलक्षेम
लुटाना चाहते हो प्रेम बस प्रेम,

मैं सब सहज समझ जाती हूँ
टूटकर भी बिना किसी हिसाब
भागीदारी निभाती हूँ,
मैं जानती हूँ!
तुम्हें मालूम है मेरे स्वाभिमान की परिभाषा
मैं तर्क में जीतकर भी हार जाना चाहती हूँ
किसी भी बात पर रूठकर
मनुहार पाना चाहती हूँ
क्या सहज प्रतिभाशाली नहीं हूँ मैं?
अपने प्रतिभाशाली होने में
अलग से तौल नहीं सकती तुम्हारी भूमिका
मुझे नाज है अपने अस्तित्व पर
जोविलग नहीं तुमसे।

7. एक विमर्श

प्रश्न एक स्त्री
कब पूर्ण होती है?
उत्तर जब वह माँ बनती है,
वेशक! प्रकृति की अनुपमेय प्रक्रिया
नौ माह गर्भ में
रक्षण–पोषण करती है भ्रूण का
द्वैत की पराकाष्ठा
और अद्वैत का परिणाम
मातृत्व की गरिमा का आह्लादकारी उत्सव,
पर, सात–आठ माह में ही
जन्म लेते हैं जो बच्चे
उस माँ की पूर्णता का क्या
जो पूरा नहीं कर पाती प्राकृतिक प्रक्रिया का चक्र!
पर भोगती है वही प्रसव पीड़ा?
जो बाँझ हैं औरतें
उनकी पूर्णता का क्या?
अपनी रिक्तता के साथ खड़ा एक पुरुष
उसकी क्षमता पर सवाल?
संतति हीनता
सरेआम कोपभाजन
परिवार और समाज से परित्यक्त!
एक हारी हुई स्त्री!

एक हारा हुआ पुरुष!
द्वैत से अद्वैत की साधना में उठ खड़ा होता है
दकियानूसी मानसिकता का केंचुल छोड़
तुम्हारे ही देह के उत्सव का परिणाम
उठाता है सड़क से
भरता है एक स्त्री की गोद
मातृत्व की गरिमा अमृतानंद से ओत–प्रोत
निहाल होती है माँ की ममता और
तुम्हारे ही देह के उत्सव के परिणाम में
भरती हैं अद्वैत के परिणाम का संस्कार,
क्या यह स्त्री पूज्य नहीं?
क्या यह एक स्त्री की पूर्णता नहीं?
ये बच्चे दैत्य नहीं होते,
परखनली शिशु भी एक वरदान
नौ माह ही रहता है गर्भ में शिशु
पूरा करता है एक हारी हुई स्त्री का सपना
अपनी रिक्तता के साथ
खड़े पुरुष को देता है सबलता,
ये बच्चे भी दैत्य नहीं होते–
ये माताएँ भी स्वतः पूज्य होती हैं!
तो हे पुरुष सुनो!
तुम स्त्री विमर्श नहीं, पुरुष विमर्श करो
करो विमर्श कि–
तुमपरखनली शिशु के लिए भी
करते रहे हो वीर्य व्यापार?
करो विमर्श कि–
अपनी ही देह के उत्सव का भविष्य

तुम खुद लिखोगे कि–
उत्सव के लिए–
प्रेम का कौन सा छद्म मंत्र लेकर घुसते रहे हो
देवि के शयन कक्ष में?

8. पूर्णता

गर प्रेम न होता
तो मिलन न होता
सतत प्रक्रियात्मक
सृजन न होता,
ये सृष्टि न होती
तुम भी न होते
हम भी न होते
आत्मा न होती
आत्मलयता न होती,
तुम कमजोर न होते
हम सशक्त न होते
भाव न होता
भाव का प्रभाव न होता,
जब तक तुम पुरुष हो
तुम्हारे आकलन में
हम शक्ति होकर भी सशक्त न होंगे,
पौरुष्य पोथी बाँचते रहो
और हमें जाँचते रहो,
आत्मा मेरी सहेली कहती है मुझसे
हे आत्मिके!
तुम्हें खुद को प्रुफ नहीं करना है
और न ही आकलन से डरना है,

तुम दीप्त हो प्रदीप्त हो
हृदय की निश्छलता में
प्रेम की आत्मलयता में
तुमविशुद्ध वायुयान हो चुकी हो,
हे पुरुष!
तुम आकलनकर्ता नहीं
प्रेमी बनो! प्रेमी!
शक्ति का, विचारों का
तभी संभव है सृजन, पोषण,
तभी सम्पूर्ण यह वतन।

९. गुलमोहर

तप्त धरा का प्यार
गुलमोहर अभिसार
गर्भ में अम्ल क्षार
किया ग्रहण
प्रस्फुटित हुआ
बन राज आभरण,
तुम कृष्ण चूर
मेरे मन के मयूर
मैं धरा!
बन लता लिपट जाऊँ
रोम–रोम हर्षाऊँ,
लुटा दे बेहिसाब
मधुमय पराग
बाँध लूँ अंक तुझे
कर शीतल–शीतल मुझे
सूरज का तप्त प्रहार
बसुधा का दावानल श्रृंगार
बरसाये फिर भी शहद अनुराग
तू प्रकृति का अनुपम उपहार।

10. जो हूँ सो हूँ

मैं क्यों लड़ूँ?
मैं ही देह और
देह के परे भी!

मैं जो हूँ सो हूँ!
मैं क्यों डरूँ?
मैं ही अस्तित्व

और अमृत संघर्ष भी!
मैं जो हूँ सो हूँ!
मैं क्यों मरूँ?

मैं ही गर्भ
और गर्भस्थ भी!
मैं जो हूँ सो हूँ!

मैं ही सब सहूँ!
मैं ही अनुराग–विराग
और तितिक्षा भी!
मैं जो हूँ सो हूँ!

मैं बस ऊगूँ!
मैं ही लक्ष्य बीज
और दिव्य अंकुरण भी!
मैं जो हूँ सो हूँ!
मैं बस जलूँ!

मैं ही दीप–बाती
और चिरंतन लौ भी!
मैं जो हूँ सो हूँ!

मैं सब हूँ!
मैं ही अद्वितीय
और असंख्य भी!
मैं जो हूँ सो हूँ!

11. आँधी

कल तुम थे
आँधियों की
गिरफ्त में सारी रात,
आज हमारे घर
आयी ये बारात!
तुम्हें तो
मैंने बचा लिया था,
मीठी थपकियों से
नींद में सुला दिया था,
पर देखो न यहाँ
आम्रपाली
भयाक्रांत सहमी है,
हवाओं के रुख में
अजीब सी गहमागहमी है,
भीषण झंझावात
लेकर आ न जाए
बवंडर चक्रवात,
आज तुम्हारी ही
थपकियाँ काम आयेंगी
स्याह आपदाओं को
लील जायेंगी,

आज की रात
बितानी है जाग–जाग
खतरे में वजूद
आम्रपाली दे रही आवाज।

12. क्षितिज के धूप

(1)

क्षितिज के धूप!
तुम भी बदल गये हो
हर रोज आते हो,
आते हो
मुँडेर से ही लौट जाते हो,
मन के तमी भी
उतरो कभी,
तंग और बीमार गली
बिखरो कभी,
बेदाग उष्मा
संचरित हो जाए हर आस में,
जिजीविषा साँस ले सके
स्वछंद आकाश में।

(2)

क्षितिज के धूप!
आजकल हर रोज
आते हो मेरे झूले तक,
तुम्हारा
स्वर्णिम बाहुपाश
मेरे अर्द्धचेतन में
भर जाता चेतन उच्छ्वास,

द्विगुणित
आत्मविश्वास,
पर इस बदलाव में
अकेले नहीं हो तुम,
वर्षों से बन्द पड़ी
धूल जमी खिड़कियों को
मैंने ही खोला
कहा आ जाओ
सुषुप्त विराग में भर जाओ
उष्मित राग,
दे जाओ कुंद आवाज को
तरंगित साज।

(3)

क्षितिज के धूप
तुम भी बदल गये हो,
आते थे हर रोज
लेकर स्वर्ण वसना
छा जाते थे घर–अँगना
स्वयं के साबूत
होने के विश्वास से
आबाद था
मन का कोना–कोना,
अब तो आते हो
मुंडेर से ही लौट जाते हो,
अस्तित्व की जीवटता में ही
मैंने सीख लिया था
संकरी सीढ़ियों से

चढ़कर मुंडेर पर बैठना
फिर कहां हो आज!
उच्छ्वासित हूँ मुँडेर पर ही
और बीतने को प्रात भी,
आओ साँस में उच्छ्वास भर दो
निष्क्रिय निष्प्राण मन में
उर्जस्वित विश्वास भर दो।

13. फन

सैलाब का
वाष्पीकरण!
ठोस पड़ाव
और फिर
घनन–घननन
संघनन!
परिमल–परिमल
हृदयाकाश!
पीड़ा में मिलकर
पीड़ा खास!
भव आँगन–
क्या कुछ निष्फल!
जो नहीं
ऐक्य का प्रतिफल?
अरे ओश्याम घन!
प्रपंच सब तेरा फन!

14. अनहद् पीड़ा

कुछ पल बीते
साँझ से पहले
उजले–उजले
हँसते–हँसते
बादल के कुछ टुकड़े
मन के आँगन उतरे!
बहा ले गये
दृगजल के संग
काली–पीली
मटमैली रंग
रद्दी–फद्दी सारी कीचे!
मन का आंगन
बरगद–बरगद
हिय का अंबुज
अनहद्–अनहद्
ओ पीड़ा! चली कहाँ!
ठहर यहीं तू
मेरी उजली–उजली हंसी सरीखे!

15. अपराजिता

(1)

कल की अपराजिता
आज की आँधी में
अपना वजूद खो गई!
शाश्वत हो गई!
ताड़ का पेड़ भी पेड़ न रहा!
क्षत–विक्षतउसका धड़
कयी टुकडों में बँटा पड़ा रहा!
खोजता रहा
अपनी देह और अपनी आत्मा
मृत्युंजय हो जाने की ख्वाहिश लिए!

(2)

हर सुबह
फूले नहीं समाती थी
नीली मोतियों सी
फूलडलिये में भर जाती थी!
निहाल हो जाती थी
मैं और मेरी
शिव प्रिया अपराजिता!
अघोड़ीरात
बिगड़ गयी बात!
बिगड़ गया

धरती और बादलों के बीच का
विद्युत संतुलन!
अत्याचार! अतिक्रमण!
अपने हीगमले में
आज भी सदमे में
शिव प्रिया अपराजिता!

16. चैतन्य स्वर

काठ का नाव भी मैं ही
नाव की पाल भी मैं ही
मैं ही निस्सीम जलराशि!
मैं ही संघर्षयज्ञ की प्रत्याशी भी!

मुझे ही लड़ना होगा
हिंसक घड़ियालों से!
निगलने को आतुर हैं
विशालकाय बाहर भी और
घुन सदृश भीतर भी!

फिर भी सक्षम हूँ मैं!
रणक्षेत्र में उद्धत तत्क्षण हूँ मैं!
सशक्त है! समृद्ध है!
विशुद्ध है मन का विवर्त,
पाल भी काटना मुझे ही
तैरना भी मुझे ही!

फिर भी,
हे दिव्य दृष्टि पुजारी!
बगैर झूठी गवाही
भारत के भविष्य की बगैर छद्म तबाही
मँदिर के घड़ियाल का चैतन्य स्वर
सुन सको तो अवश्य ही
सुनो तुम भी!

17. जीत

हारकर भी
जीतती है स्त्री ही,
सुखद स्मृतियाँ
सहेज कर अंतस ही
दिव्य होती रहतीं हैं,
प्रेम का रसायन
अपनी पराकाष्ठा में
सांसों की माला में गुँथ जाता हैं
मंत्र व्याहृतियाँ हो जाता है!
अदम्य शक्ति समृद्ध स्त्री
प्रणय परिधि मे
प्रदीप्त होती रहती है!
पुरुष जीतकर हारता भी है
अपने पौरुष के
अनाड़ी पन को स्वीकारता भी है!
ये सच है! यही सच है!
जहाँ प्रेम होता है वहाँ
बगैर किसी सिद्धांत के स्वतः ही
सामंजस्य का सृजन हो जाता है,
जीवन संयोग में
मणिकांचन हो जाता है!

18. उड़ान

वेशक!
हमारी उड़ान
पराकाष्ठा की ओर,
धरा, अभ्र
भूधर, चन्द्र
सर्वत्र हमारी ही
कीर्ति पताका,
फिर क्यों हवाओं में घुटन
फिजाओं में चुभन
दबी सिसकियाँ
मूक क्रन्दन?
एहसास क्यों
ईप्साओं की
पिंजरबद्धता का?
उड़ान की
अपूर्णता का?
देखना चाहते हो
हमारी उड़ान को
तो सुनो!
और ऊँचा, और ऊँचा,
और ऊँचा कर दो आसमान को।

19. जश्न

डरी सहमी धूप
झाँक रही खिड़की से
अरसे बाद,
आओ साँस को दे दूँ
खुद के होने की थोड़ी आस,
होते ही साँझ जाना होगा
आवारा कोहरे की
महफ़िल को सजाना होगा,
मौसम का कहर
जिन्दा हूँ पीकर
उसकी बदमिजाजी का जहर,
आने दो रवि को सम्पूर्ण
भर दूँगी उष्मा आकाश भर,
मनाऊँगी जीत का जश्न
कोहरे की राख पर।

20. पृथ्वी हूँ

पृथ्वी पर मैं
पृथ्वी हूँ मैं!
सबके बेधन शूल
बनाती अंतस फूल,
जिसके
तल पर सागर जल
बहता
मचल–मचल अविकल,
हे क्षितिज कुमार!
न्यून कहाँ मेरा विस्तार?
हर रोज
अपरिमित ताप भार
दे जाते हो
जाने किस अधिकार!
हर ताप का
संताप सहज ही सहती हूँ,
सुमन सृजन उद्‌गार
महज प्रणय दरारें भरती हूँ
मैं पृथ्वी हूँ! मैं पृथ्वी पर हूँ!

21. मुहावरा

स्त्री के पापशून्य
अभ्यर्पण को
जैसे ही रहस्यमयी कहते हो
तो हे पुरुष!
तुम्हारा ही त्रिया चरित्र
निर्वस्त्र होता है!
"त्रिया चरित्र देवं न जानं"
स्त्री के नारकीय सम्मान में
गढ़े गए इन कशीदों से अपना
चरित्र प्रक्षालन नहीं कर पाते हो तुम,
सोचों जरा आखिर क्यों?
वाकई ये मुहावरे ही हैं न
या तुम्हारा खुद के लिए
खुद से ही रचा हुआ चक्रव्यूह?
विषस्मयादि बोधक!
और प्रश्नवाचक दोनों ही?
मांगते हैं उत्तर दो सही।

22. समय से संवाद

(1)

समय नदी है
और मैं प्रवहमान धारा,
छोटी–छोटी लहरें
बेवजह उलझाती हैं
सतह पर बलखाती हैं
रोकती हैं रास्ता
सिखलाती हैं
जीवन का फलसफा,
नदी से महानदी जो होना है
समय के साथ, हो रही है बात।

(2)

समय नदी है
और मैं आत्मविश्वास से भरी
प्रौढ़, स्निग्ध,
अविराम कर्मशील धारा,
शिशुवत शिलाखण्डों का
क्रंदन, रोदन रोकता है रास्ता
ममत्व भाव बार–बार हारता,
वक्त का अस्थिर परवाज
बार–बार देता रहा आवाज
करुण भाव लिपटता रहा

रोकता रहा राह
अनुग्रह मत ले जा बहा!
मैं गंदला रेत शिशुवत
घुलता रहूँगा तुझमें ही
तेरे ही अतल तल में रहकर
सीखूंगा उठना ऊपर,
सुनो शिशुवत रेत!
समय मांग रहा
तुम्हारी शिष्ट परिपक्वता
प्रक्रियात्मक निरंतरता
और हमारी मौन अजस्रता,
तुम्हारे द्वीप बन जाने तक
और हमारी सदी होती धारा का
महानदी हो जाने तक निर्बाध,
जारी है समय से संवाद।

23. ममत्व का सैलाब

माँ याद मुझे है
जब तुम थीं
कितने झगड़े
अग्रज अनुजों में
बूढ़ी माँ को कौन रखे?
माँ याद मुझे है
जब तुम थीं
अग्रज से मिलने को
कितना तड़पी थी,
जीवन की जब शाम हुई
अग्रज अनुजों में कोई न था
ईश्वर ही जाने, किस्मत खोटी
माँ तेरी या बेटों की?
माँयाद मुझे है
जब तुम थीं
ममता के ह्रदय पयोधर में
क्या अहम जगह थी अग्रज की!
अंतिम क्षण तक
आँखों में प्यास बनी रही
काल निगोड़ा जीत गया
प्राण शून्य में लीन हुआ
बाकी रहा दूध का कर्ज

रहा बाकी अग्रज का फर्ज!
माँ याद मुझे है
जब तुम थीं
सेवा क्रम में मैं झल्लाता
फिर भी था गहरा नाता
अंतिम क्षण से
कुछ दिवस पूर्व जब तुमने बोला
एक मात्र पुत्र हो मेरे
शेष सभी तो मोह के धागे
पूछे तो कह देना
माँ अब नहीं रही
माफ करें बूढ़ी माँ की कहा–सुनी!
माँ याद मुझे है
जब तुम थीं
सबकुछ भरा–पूरा था
तेरी गैर हाजिरी में अब
होकर भी सब फीका–फीका!

24. माँ

माँ भला
कब तोलती है प्रेम?
पुत्र हो ना!
आंकने की दृष्टि तो बदलो
विश्वमय होने दो प्रेम!
इतने भी हल्के न बनो कि
प्रेम के अनहद् अभ्युदय का
अर्थ ही विकृत हो जाए,
किसलिए यह तुला?
बाँटना क्या भला?
प्रेम की निश्चछलता का परीक्षण
कर सको तो करो तुला भाव का तर्पण,
विश्वमय होने के लिए
प्रेम ग्रंथ बांचने की जरूरत नहीं,
पुरुष से ऊपर उठना होता है
पुत्र होना होता है, जानकी पुत्र!

25. अंत्येष्टि

जानकी के भक्त हो!
लगते तो नहीं!
पुत्र तो तुम बने ही नहीं!
तुम तोछ लांग मारकर
पुरुष बन गये!
देहपथ के विपथगामी पुरुष!
फिर जानकी के भक्त कैसे?
स्त्री देह से ऊपर उठ सको तब कहना
मातृत्व भाव
पुत्रवत् पोषण करुंगी
षोडस संस्कारों का रक्षण करुंगी,
छलांग मार पुरुष!
संस्कारों से खेल खेल रहे हो
पौरुष का अंत्येष्टि संस्कार कर रहे हो!

26. पोषण

मेरे हर सृजन में
क्यों तुम्हें अपनी ही
यात्रा दिखाई देती है!
निश्चय ही
इहबंध से मुक्त नहीं हो पाये हो!
मैं तो माँ हूँ!
कृति रचती हूँ निर्द्वंद, निर्बंध भाव
इह बंध से मुक्त हो पाओ तो आना
मातृत्व भाव
पुत्रवत् पोषण करूँगी!
संबंधों का नव सृजन करूँगी
तबतक जबतक
पुत्रवत् पोषित न हो जाओ
षोडष संस्कारों से रक्षित हो जाओ,
आओ पुत्र!
व्यसन मुक्त करना है तुम्हें!
प्रेम सिक्त करना है तुम्हें!

27. बूँद से सागर

प्रेम की युनिवर्सिटी के छात्र!
किसी ने नहीं लिखा
तो तुम लिखो ना प्रेम उनके लिए!
कभी जाओ स्लम जीवन की झुग्गियों में
झेलकर आओ दुर्गंध,
बास और प्रेम लिखो बस्तियों में,
अभी जाओ छेड़ो धुन प्रेम की
और वापस ले आओ उनकी हँसी;
विभीषिका के गाल की ग्रास बनी
लापता जिनकी झोपड़ी, बच्चे और गायें भी,
प्रेम लिखो उनके लिए जो सरहद पर
लुटाते हैं गुलालों सा प्राण,
लिखो उस माँके लिए प्रेम जो
पीती है सिसकियों में
शहीद बेटे की रिक्तता का दर्द,
अश्रुपूरित आँखों में
रोपती रहती है स्वाभिमान,
देती रहती है फिर और फिर,
और फिरवीरत्व का अभय दान,
सरेआम होती दुहिताओं के सम्मान में
लिखो ना तुम भी प्रेम!
फिर खुद से पूछो

क्या लिख पाये उनका विषाक्त प्रहर?
क्या लिख पाये व्याधियाँ गाँव शहर?
क्या लिख पाये उनकी खबर, उनका बसर?
और हाँ! सबसे अहम लिखना होगा तुम्हें
उनके लिए प्रेम!
जो हैं राजनीति के ठेकेदार, ठेकेदार,
बस ठेकेदार!
वोटों की रिश्वत लेकर जो
लिखते हैं अजीब सा प्यार!
गिरवी जिनके अलग–अलग खाते में
प्रजा जघन्य बीमार, लाचार!
विनम्र कातर आदेश! लिखो स्वदेश!
हृदय के करुणालय की
संकीर्णता से निकलो बाहर
बूंद से बनो सागर!

28. क्या फ़र्क़ पड़ता है

क्या फर्क पड़ता है
मत करो कविता!
अलंकार रहित हो वनिता!
शब्दों को न तोड़ो–मरोड़ो
बहे लिए तो
तोड़ते रहेंगे टांग
काटते रहेंगे पंख
बने रहेंगे शागीर्द,
परकटी
नाचती रहेगी उसके ही ईर्द–गिर्द,
क्या फ़र्क़ पड़ता है?
एक भूख का उद्दीपन
प्रेम प्रभाव में करता रहेगा
सृजन!
दूधमुँहा दूध की तलाश में
निचोड़ता रहेगा सूखा स्तन!
एक और भूख का क्रदंन
अन्नाभाव में
छीनता रहेगा जीवन,
बचेंगे कुछ दुधमुँहे
जो बड़े हो जायेंगे अनायस ही
छिन गया होगा बचपन!

अब किस
करुण रसोद्रेक की प्रतीक्षा है
कि पिघल जाये
पाषाण आँखों का पानी!
या फिर शब्दों के
उस शंखनाद की प्रतीक्षा तो नहीं
कि पैनी हो जाये लेखनी?
सृजित हो जाये कविता जिसमें
अस्तित्व हो! आवाज हो!
आकाश हो! विश्वास हो!
वर्ना फर्क तो पड़ता है
जो अलंकार रहित भी विभूषित हैं!
शब्द नाद रहित भी ध्वनित हैं!
जो शुष्क चक्षु
अश्रु रहित भी करुणा प्लावित हैं!
पता करोपैनी लेखनी से
बधिर कितने हैं?
श्रवण ग्राह्यता के लिए चाहिए कितनी आवाज?
तैयार करें हम साज!

29. मशीन

यंत्र को
यंत्र से ही यंत्रणा कैसी?
यंत्र हूँ तभी तो धड़कता हूँ
भूख से बिलखता हूँ,
अपनो के लिए बुने सपने हैं,
सपनों को
सजाने की ख्वाहिशें हैं,
हर सुबह गंतव्य की ओर
उर्ज्वस्ति प्रस्थान है
भीड़ में लक्ष्य का आसमान,
संग सपनों की डोर
शाम की वेचैनी
ललक अपनों की
खींच लाता नीड़ की ओर,
प्रतिक्षारत्त एक हाथ और
थामें हुये है
सपनों की डोर की एक छोर,
फिर क्यों कहें कि
थक सा गया हूँ
यंत्रवत हो गया हूँ!
यंत्र है
तभी तो यंत्रणा है

संतुलित जीवन की मंत्रणा है
यंत्र और यंत्र का
संघर्ष जारी रहेगा
हम ढूँढते रहेंगे
अपनों के सपनों के लिए जमीन
बनते रहेंगे श्रद्धानत मशीन।

30. भूख

जागती जब भूख
कृत्य और अपकृत्य ही
रच जाते स्वर्णिम, कालिख इतिहास!

जागती जब भूख
दिलेरी सरहद पर
करते सिपाही देशप्रेम में शत्रुविनाश!

जागती जब भूख
लोग, पशु–पक्षी भी
होते काल–कवलित बे हिसाब!

जागती जब भूख
आगजनी, दंगे, संहार
बदल जाता शहर का लिबास!

जागती जब भूख
गैंगरेप का अट्टहास
भागती–चीखती बच्चियाँ बदहवास!

जागती जब भूख
माधव और घीसू की
अथक प्रसव पीड़ा बुधिया स्वर्गवास!

जागती जब भूख
छद्म होती सोच भोजन में बारूद
तड़पती गर्भिणी उखड़ती साँस!

जागती जब भूख
व्यथा परितोष की
तिरोहित भव पीड़ा में निज का विषाद!

जागती जब भूख
आत्म–अनात्म अन्वेष की
टूटता नश्वर देह का विश्वास!

जागती जब भूख
चिन्मय प्रेमाकाश की
दीप्त होता मैं में ही मैं का आकाश!

जागती जब भूख
बस जागने की बात
होता ही जाता सृजन औ विनाश!

31. साइक्लोन

साक्लोन
यूं ही नहीं आ जाता
बिखेरने सजी हुई दुनिया!

हवा का
उच्च और निम्न दाब
संतुलन की जद्दोजहज में
तट से टकराता है
शक्तिहीन हो
काँच की तरह बिखर जाता है!

असमय भला
कौन चाहता है जाना?
कोई तो होता है
चक्रव्यूह का रचयैता!

भावनाओं का बवंडर!
हारा हुआ मन! खालीतट!
नश्वर शरीर का खात्मा!
यूं ही नहीं हो जाता!

जीवनोद्देश्य की
पल्लवन प्रक्रिया में
हर शरीर को बचना ही होगा
भावनाओं के बवंडर में
घूमते अदृश्य रावण से!

32. चक्रव्यूह

तुम मजदूर
अक्षय भरत खंड के
एक उपेक्षित खंड!
जीवन की जद्दोजहद
शुरु हो जाती है
मां के गर्भ से ही,
अभिमन्यु से भी
ऊँची विद्या सीखकर
पदार्पण करते हो धरती पर,
क्योंकि तुम्हारी माता
गर्भधारण से लेकर
आज तक सोयी ही नहीं!
चक्रव्यूह–भेदन कथा
कभी समाप्त हुई ही नहीं,
व्यूह–भेदन अध्याय आया ही नहीं,
तुम सीख जाते हो
चक्रव्यूह के भीतर ही दौड़ते–दौड़ते जीना,
हर रोज देखती हूँ
शहर के हाइवे के रास्ते,
जंगलों और रेल की पटरियों के रास्ते,
जान गँवाते बदहवास लौट रहे हो गाँव,

गाँव से शहर और शहर से गाँव तक
चक्रव्यूह का विस्तार लिख चुका है
तुम्हारे अनवरत् दौड़ की अंतहीन कहानी
इसी दौड़ में उम्र की झुर्रियाँ
खफा चुकी होती है बचपन और जवानी।

33. मुफलिसी

मेरा गाँव मेरा देश की
जग चुकी भूख
कर चुकी है गाँव का रुख!
पूंजीपतियों!
तय हो गया आज
पेट आपका ही खाली है
ये मजदूरों के लिए वो मजदूरों के लिए,
सब जाली है! सब जाली हैं!
मालुम है महामारी खत्म होते ही
बगैर कोई मलाल
गाँव–गाँव फिर भेजोगे दलाल,
पूंजीपतियाँ मायाजाल का
चौसर बिछाओगे
शहर के सपने दिखाओगे
गाँव छुड़वाओगे,
तुम ही हो जो
गाँवों के हरे सपने चुराकर,
खेत जलाकर
लिखते हो किसानों की मुफलिसी
और करवाते हो अपना जीवन बीमा।

34. नियति और नीति

बहुत फर्क है हममें उनमें
हम नियति को कोसते हैं
और वे नियति से जूझते हैं,
बहुत फर्क है हममें उनमें
बहुत फर्क है नियति और नीति में,
हम शोषण की धार
उनके सपनों में सूराखें करतें हैं
वे श्रम–स्वेदनिसार
हमारे सपनों की सूराखें भरते हैं,
हम अतृप्त क्षुधा
भरे पेट भी भूख–भूख चिल्लाते हैं,
धन्य माई के लाल वे
भूखे रहकर भी भूख पचाते हैं,
हम वैभव सम्पन्न
होकर भी निज संबंधों को छलते हैं,
वे अथक अभाव
विपन्न नयन भी फटते संबंधों को सीते हैं,
कोमल से हम वातानुकूलित भँवरे हैं
दग्ध दोपहर भी उन पर शूलों से पहरें हैं,
बहुत, बहुत, बहुत फर्क है हम में उनमें
बहुत फर्क है नियति और नीति में!
हम भारत के आला हुजूर
और वे भारत भूमि के मजदूर!

35. वसीयत

पेट की आग
जेठ का ताप
पूस की रात का संताप
यह भला तुम क्या जानो
वातानुकूलित महाजनों!
जबकि
तुमने ही लिखी है इनकी
नियति की लंबी वसीयत
और अट्टहास भी तुम्हारा ही!
जाने किस मिट्टी के बने तुम
जो इतने निर्मम!
अब भी अतृप्त है क्षुधा तुम्हारी ही!
तभी तो
धोखे के पत्ते फेंक रहे हो
मासूम, निरीहों की विवशता से खेल रहे हो!

36. श्रम–स्वेद

श्रम स्वेद की बूँदें
झूम उठ्ठी थी खेतों में
जी उठ्ठे थे सपने
भूमिपुत्र की आँखों में,
चमक उठ्ठे थे कुदाल, फावड़े,
नयी फसल की चाह में
अर्द्ध चंद्राकार हँसिया भी
प्रतिक्षारत,
गर्वित हो रही थी अपनी धार पर,
अनायास, बेहिसाब कहर
बहा ले गया मेड़ सहित अन्नपूर्णा को,
चीखता रह गया सैलाब के बीच
मचान सहित जांबाज हलधर भी,
भयावहता व्याल मुख आती रही
जाने कितनी रातें कहर ढाती रही
फिर कोई आरुणी न हुआ
टूटी मेड़ के बीच बाँध बन जाने को
अन्नपूर्णा की लाज बचाने को।

37. मिट्टी-मिट्टी

श्रम–स्वेद यतन धन
गरज–बरस कर
महाप्रलय बन
दौड़ाये जलधर
चीखे हलधर,
जान–माल बेहाल–हाल
फाड़ गाल विकराल काल,
स्वाहा कण–कण
स्वाहा जन–जन,
अन्नपूर्णा के पद चिन्ह धूमिल
स्वप्न विदूषक जटिल कुटिल,
हाहाकार अनुराग–राग
विलाप शेष जीवन का सार।

38. मैंने महसूस किया है

घर के पिछवाड़े की खिड़की
अक्सर खोलती हूँ मैं
जेठ की दोपहर में,
फूस केघर में रहने वाली
वह काली औरत
आग से जूझती नजर आती है
पास ही भवन निर्माण में,
जेठ की आग ही नहीं
पेट की आग भी होती है फूस के घर में,
मैं जब भी
महसूस करना चाहती हूँ उस आग को,
खोल लेती हूँ घर के
पिछवाड़े की खिड़की और
पता नहीं कब!
बन जाती हूँ मैं भी
पसीने से तरबत्तर वह काली औरत!

39. दो टूक भूख का सत्य

(1)

मजदूर और
मजदूरिन रोये
ठेकेदार हंसे
खाये खोये।

(2)

मेहनतकश मजदूर
खून पसीना बहाये
दो जून कमाकर लाये
मीठी रोटी खाये।

(3)

मेहनतकश मजदूरिन
पत्थर तोड़े
श्रम–स्वेद बहाये
अर्थ उपजाए
बच्चों को दाना खिलाये।

(4)

सच्ची मजदूरिन
श्रम तप में लीन रहे,
दुग्ध रहित
शुष्क स्तन
नवजात शिशु पिलाये

जिगर के
टुकड़े को फुसलाये,
उचक–उचक कर देखे तरसे
ठेकेदार की बागी आंखें
जीभ लार टपकाये,
शाम मजूरी लेना हो तो
डेरे पर आ जाना
कहे और दाँत दाब मुस्काये,
मजदूरिन के हित में
मुंशी कैसी जाल बिछाये!

(5)

एक मजदूर
रुपैया खातिर
दारु के मद में
मजदूरन को जबरन
ठेकेदार के घर पर ही
भिजवाए,
होश आये तो कहे कि
कुलटा दिया नाम हँसवाये।

(6)

ठेकेदार के
सब्ज बाग में
एक मजदूरन
अल्पज्ञान में
छम–छम करके
ठेकेदार की
हम विस्तर हो जाये,

ऐंठ–ऐंठ इतराये
रुपैया के पीछे बह जाये,
कहाये ठेकेदार की रानी
मजदूरनियों की सेठानी।

40. कर्मगीता

वर्षा की बूँदों से
भीगते पत्थर पर
पौधों की दुनिया को
आड़े–तिरछे उगते देखा,
धूमिल सपनों को
सच की रोशनाई से
किश्मत की लेखी पर
हास्य–रुदन के
शब्दों में लिखते देखा,
नाहक चिंता जाने कब
जीवन दुविधाएँ
होंगी औने–पौने!
कर्त्तव्य राह पर निश्चय ही
शनी, राहु–केतू होंगे बौने!
थोड़ी धूप तो आने दीजिए
पत्थरों में
आने को है दर्द का सैलाब,
नेस्तनाबूत होंगे नकाब
युगीन बंजरता से!
कठोरता से, जड़ता से,
इंसाफ की गुहार पर कर्मगीता
हर रोज बाँचती है न्याय,
सुबह की ख्वाहिश लिए
अदना मुवक्किल ढूंढता है
ढूंढता है सत्य का अध्याय।

41. अदृश्य बंधु

अकाल मौतें, महामारी!
वीभत्सता से
साजिश भी हारी,
खंड–प्रलय की लिखी जा रही
पृष्ठभूमि की नींव में,
दी जा रही है अगणित नर बलि
नर की ही विज्ञता की
अतिशयता के शस्त्र से
मनुज नितांत निर्वस्त्र हुआ आज
मनुजता के वस्त्र से!
स्वार्थ, लोभ, छद्‍म दंभ
विषाक्त मिश्र धातु बन चुके हैं!
खंड–प्रलय की पृष्ठभूमि के गर्भ में
सिर्फ नर बलि! अपर्याप्त है बन्धु!
बन्धु! बन्धु है कोई यहाँ शेष
या सबके सब अवशेष?
यही तो अमिथ्या है!
क्षमा! अदृश्य बन्धु! क्षमा!

42. बोनस की मौतें

ये दीर्घकाली महामारी
जो ऐंठी पड़ी है
दिमागी फिक्र की नसों में,
ये न कभी खत्म हुई न होगी,
ये जो देख रहे हो ना
मौत का ज़लज़ला!
कुछ और नहीं विषैली हवा है
जो बांटी जा रही दोस्ती के लिहाज में
औसत वेतन में वोनस के साथ,
वेशक! मौतें बरसने वाली हैं
प्रेम के लिए जिन्दगियाँ तरसने वाली है,
आज त्रयोदशी की रात,
आओ हम शुक्लपक्षीय हो जाएँ
टिमटिमाते जुगनुओं में तब्दील हो जाएँ
हमइंसा सभी एक ख्वाब हों जाएँ
साजिशों के चेहरे बेनकाब हों जाएँ
यह जानते हुए भी कि
वेशक! दीर्घकालीन है
साजिशों की महामारी!
जो ऐंठी पड़ी है दिमागी नसों की फ़िक्र में
पर कम नहीं, बेदम नहीं
जुगनुओं का दम भी!

43. महामारी की सलीब पर

मौतों की लंबी हो रही फेहरिस्त में
समय की कारीगरी रचने को है
विश्व कीनयी तस्वीर!
दर्प, त्रास, लिप्सा,
मात्सर्य और जुगुप्सा,
समस्त दुर्व्यसन भाव से मुक्त मन
जिज्ञासा से मुक्त नहीं आदतन,
कैसी होगी विश्व की नयी तस्वीर?
कैसा होगा डायग्राम और
कैसी होगी उसके भीतर की तहरीर?
ये जिज्ञासाएँ भी बड़ी ही पतिता है,
सबालों से थकती ही नहीं!
बड़ी ही अड़ियल है झुकती ही नहीं!
मनुष्यों के साम्राज्य में मनुष्य होंगे?
या विषाणु बनाने वाले जीव ही
बचेंगे मनुष्य योनि की खोल में?
और भांति–भांति की
महामारी की सलीब पर
रचते रहेंगे
मनुष्य और मनुष्यता के मौत की साज़िश?
बदलते रहेंगे
समय की तफ्तीश और तहरीर?

44. अखंड श्राद्ध

विचार खंडित
संस्कार खंडित
बसुधैव कुटुंब खंडित
विश्व विद्रूप रुप खंडित
अखिल विश्व में
आज बस शवदाह अखंडित
कब्रगाह अखंडित
भय अखंडित
मृत्यु अखंडित
अस्थियाँ अखंडित
अस्थि कलश अखंडित
चिता की राख भी अचंभित
कौन किसकी कहें!
किसकी किसे दें!
सगे–संबंधी प्रपंच कवलित होंगे
श्राद्ध के देवता भी विचलित होंगे
जीवित सबके सब खंडित होंगे
आज असंख्य मौतों का
अखंड श्राद्ध ही तय कर सकेगा
अखिल विश्व की अखंडता!

45. महापर्व

वेशक!
आवाज में है तल्खियत!
पर क्या गलत
कि लाशें बिछ रही है
बल्क में पटापट?
दस, बीस, सौ, दो सौ,
हजार, दस हजार, लाख?
घर, सड़क, अस्पताल, जमात
दर्ज हो रहा
अगणित महामारी का इतिहास!
कोहराम अविराम
उपद्रव, अशांति, हलचल
समाजसेवी भी सजग चंचल,
गर्म होती धधकती भूख कीहवा
बाँटी जा रही चावल, दाल,
पूरियाँ, सेनेटाइजर दवा,
लाशों से भरी–भरी गाडियाँ
मानो! प्रशासनिक खुफिया तंत्र ने
बरामद किया है कारतूसों का जखीरा,
सौ, दो सौ एकड़ में
खोदी जा रही है कब्रगाह!
कहीं माचीस मारकर किये जा रहें शवदाह!

शव पर करुण विलाप के स्वर तो दूर
भाड़े की रुदालियाँ भी
हैं गुमशुदा, मगरुर!
घरों में बंद हैं लोग फिर भी गहमागहमी,
जारी है लाशों की आवाजाही!
हर आदमी ऊहापोह में,
आखिर ये वैश्विक संकट है या
मृत्यु का विश्वमहापर्व!
लगातार खोदी जा रही है कब्र।

46. विजयी विश्व

अखंड होने को है
विजयी विश्व!
युद्ध की विभीषिका में
राख होने को हैं
काले–गोरे, लंगड़े–लूल्हे,
सुन्दर–असुंदर समस्त जीव,
मानवता का पटाक्षेप
लिखने को है नयी कहानी,
कौन किसका भग्नावशेष?
कौन किसकी निशानी?
कौन पढ़ेगा नयी कहानी?
कौन ढूँढेगा
भग्नावशेषों में अपनी निशानी?
तुम भी खतम, हम भी खतम,
सारे झगड़े खतम!
तस्वीर बदलने को है
विश्व एक होने को है!
चलो मनाते हैं अखंडता का जश्न!
तलवार की नोक पर चलते हैं
बमों के विस्फोट में जलते हैं,
चलो रचते हैं
अखंडता के जलते हुए म्यूजिकल गीत
ढूँढ़ते हैं बरनॉल सामीत!

47. तबाही

मंजर
धुआँ–धुआँ!
ख़्वाहिशें उछल–उछल
गीदड़ों की माँद में
कर रही हुआँ–हुआँ!
गड़ेरिये भी खींच खाल
बना रहें हैं पाल नाव,
प्रलयकाल
ढूंढने को शिला छाँव,
बेहायी हँसी रोक,
टोकती है सँभल जरा सोच,
एक नजर घुमा जरा
ये क्या किया?
सियासती सोच में ये क्या किया?
खाक हुई है धरा!
हर जीव है मरा–मरा
तनिक भी नहीं गिला!
ग्लेशियर पिघल रहा
क्षत–विक्षत, चूर्ण–चूर्ण हो रहा
हिमाद्रि तुंग श्रृंग शिला!
ये क्या किया!
ढूँढ कहाँ छाँव?
था खड़ा जहाँ तू वो भी डूबने को ठाँव!

48. मर्यादा

मनुष्य के पूर्वज
बंदर थे!
काश! बंदर ही होते,
कंद मूल खाते
नर–पिशाच न कहलाते,
बची रहती
तीन बंदरों वाली
कहानी की मर्यादा भी।

49. हँसी

हँसिये!
खूब हँसिये!
आखिर हँसी है आपकी!
नकलची हँसी!
इमोजी वाली!
माना सर दर्द है!
गले का ही तो दर्द है!
मगर सेहुंड के कांटे सा चुभा है जैसे,
फेफड़े में जाते ही जहर फैल जाए,
इसलिए गले में ही रोके रखना है
इमोजी का होके रहना है,
सेहुंड के औषधीय गुणों के साथ
समाधिस्थ होने तक
बना लेना है उसे काढा क्वाथ!

50. फसल

कहावत
पढ़कर बड़े हुए
जैसा बीज बोओगे
वैसी फसल काटोगे
फिर भी
नासमझ कौतुक क्रीड़ा!
हर अगले फसल की बीज
आदमी बोता है नासूर का।

51. पक्षाघात

जानते नहीं!
डर जब दूर हो जाता है
तो आदमी का
मैं सशक्त हो जाता है!
लेखनी सशक्त हो जाती है
शब्द सशक्त हो जाते हैं
कविता सशक्त हो जाती है,
तुम देश के पक्षाघात हो!
प्रश्न लग चुके हैं
तुम्हारी जीवंतता पर?

52. विश्लेषक

थोक में
दी है तुमने विषाक्तता
जो भूमिगत है
लावे की शक्ल में,
बेहतर है
खुद के चरित्र
विश्लेषक बनो तुम
तभी हो सकोगे अहले वतन,
तय हो गया है तुम्हारे
पाप के घड़े का निषेध पंजिकरण,
नकाबी आकाओं!
इतना आसान नहीं
ज्ञान में रत भारत का भारत होना।

53. खेती

व्हीट ग्रास की तरह
खेती की जा रही है
अपराध की!
बीज डालें जा रहें हैं
त्वरित जवान हो रहें,
हाइब्रिड क्वालिटी
के अपराधी
हर दूसरे दिन
तैयार मिलते हैं!
नये अपराध का नाम
सरेआम लिखते हैं।

54. अंदाज

अंदाज तो
बदलना ही था!
प्रवृत्ति की सोहबत में
बदलती रहती है प्रकृति!
मनुष्य अपने ही भावों के
भुलावे और बहलावे में
पग रहा है,
जीना सीख रहा है
आत्म विहिन जीवन
शाश्वतता की
हास्यास्पद ख्वाहिश लिए।

55. दर्पण

अवगुणों से
लैश चरित्र में मनुष्य
तलाश रहा है अपने गुण!
अवनति की ओर
विचारों का भ्रूण,
निश्चित है स्खलन!
सबके सब दिखाने में लगे हैं
एक–दूसरे को दर्पण।

56. बाजार

एक समय
स्वर्ण, रजत
और ताम्र मुहरें थीं
राष्ट्रीय विकास और
जन जीविकोपार्जन का स्रोत,
आज कागज के रुपए हैं
मोहरा बनाए जाते हैं लोग,
बाजारें लगा दी जाती हैं
तमाम संबंधों की,
खरीद और बेच लिए जाते हैं
अनुबंधित आत्मीय एहसास भी
अपने–अपने हिसाब से
आत्मानुराग से परे।

57. सोंच

जबतक अपनी
गुल्लक सोंच के अधीन हो
कालकूट के
सर्जक ही बने रहोगे,
और धरती की अस्मिता को
तबाह करते रहोगे,
गढ़ते रहोगे
अपने–अपने हिसाब से
अपने लक्ष्य की परिभाषा,
मनुज का मनुज होना
है अभी शेष!
अंतहीन है कलुष भेद!

58. बोझ

खंडित मनुज!
खंडित कुटुंब!
खंडित समाज!
खंडित विश्वास!
जाने कितने ही
अट्टहासों के बोझ से दबी है
हमारी अखंडता की परिकल्पना!
ओ देश के ललना!
कहो तो जरा कैसे!
कैसे घोर विपत्ति में कार्य प्रगति पर है?

59. गर्भ बीज

मैं बीज!
माँ की कोख में था,
रक्त, मज्जा से
गढा जा रहा था!
पावन सृजन का
साक्षी हो रहा था!
रक्षक राग से
अभिमंत्रित हो रहा था!
ममत्व सैलाब की सुधीरा पुंज में
नहीं देख पाया खुद को,
अबोध था मैं!
फिर आजबड़े होकर
अस्मिता के यौवन भक्षण में
देख रहे हो खुद को?
कहोदेश के ललना!

60. बरगद

गमले में
उगे हुए लोग
छद्म बीज से जन्में
स्वार्थ में पगे हुए हैं!
उपद्रवी हैं!
स्वार्थिक यज्ञ में लगे हुए हैं,
नागपाश की तरह
बरगद को बाँधना चाहते हैं,
राष्ट्रीय अखंडता के लुटेरे हैं ये!
एकोहं बहुस्याम के
खंडित भग्णावशेषों पर,
छद्म राष्ट्र प्रेम का
बेसुरा गीत लिखना चाहते हैं,
हृदयहीन मीत बनना चाहते हैं,
हमने तो अपने गमले में ही बरगद उगाया है
प्रेम का आसियाना बसाया है,
वेशक! थोड़े हारे हुए हैं
कंकरीट विहीन सपनों से लताड़े हुए हैं,
पर यकीन मानों!
बरगद की परिपक्व जटाएँ
जिससे लिपटकर

हमारे बच्चे निर्बंध झूला झूलते हैं
छाया में प्रेम और प्रेम में छाया ढूंढते हैं,
ऐसे! जैसे कि बरगद में समाहित
मैं हूँ एक देश और हमारे बच्चे देशबासी।

61. दिवस पर्व

कभी पृथ्वी दिवस
और कभी पुस्तक दिवस
विडंबनाओं से भरा
अपने ही दिवस पर
हरदिवस है रो रहा,
था प्रेम से पौधा लगाया
साथ फोटो भी खिंचाया
पर प्रेम से सींचा उसे कब!
जाली जाली ही गया
तीन सौ चौंसठ दिवस,
अब खोजते हैं फूल उसमें
प्रेम और सौहार्द के,
अंग भंग करते रहे
बासना की धार से,
पुस्तकों की क्या कहें!
पुस्तकों के शब्द गुम हैं
आत्मानुराग में लिखे गये
वो कोटि–कोटि नमन गुम हैं,
हम भला क्या गढ सकेंगे
सीपी सम मोती अखिल?
विगत स्वर्णिम अक्षरों को
अदल–बदल खा गये दीमक सहित!

पर चाहता मन फिर सबेरा
तम निखिल में दीप उज्वल लेश दे,
हांक दे कुत्सित अँधेरा
मन को निश्छल एकमेव वेश दे।

62. प्रजा

'क्या इतनी भोली है
भारतीय गणराज्य की प्रजा!
जो राजनीति का 'र' नहीं जानती
पर शक्तिशाली है इतनी कि
बदल देती है सत्ता!
बार–बार ठगी जाती है
कभी इस तरफ कभी उस तरफ
बिना सोचे–समझे
कुकुरमुत्ते सी भागीदारी निभाती है,
बाजिव है कुकुरमुत्ते बेवजह नहीं उगते
गोबर की खाद मिलती है उसे
राख की ढेर पर
छप्परों की बांस में
विष अरण्य में उगते हैं
जहरीले जानलेवा कुकुरमुत्ते,
सखुआ वृक्ष की जड़ों के
आस–पास भी उगते हैं
कुकुरमुत्ते!
पर, सबों की अपनी–अपनी औकात है
कुछ घोटालों की जमात में शामिल हैं
कुछ निवालों की लूट में शामिल हैं,
हिंसक पटकथा सृजक

आपसी फूट में उगा रहे हैं नासूर कुकुरमुत्ते,
सुना है सखुआ
लाइलाज गहरे घाव भी भर देता है!
कार्बन–डाई–ऑक्साइड
खुद पीता है और
ऑक्सीजन प्रजा को देता है!
अब प्रजा तय करे कि
उसे कहां उगना है?
क्योंकि कुत्ते के मुत्र विसर्जन से
नहीं उगता कुकुरमुत्ता
और बिना शक्ति प्रदर्शन के नहीं बदलती सत्ता!

63. सफेद पोश

कैसे कहें
किस वेश में
कौन छद्मवेशी?
कौन करुणान्वेषी?
कौन रावण?
कौन पावन?
कौन शुंभ–निशुंभ?
कौन मधु कैटभ?
मंदिरों के पाये में दानकर्ता के नामों का
पंजीकरण या फिर
दान का अधिग्रहण छद्मवेशी?
भिखारियों पर उमड़ता प्यार
या भूखे को निवाला खिलाते हुये
फोटो सेशन अभियान का इश्तेहार छद्मवेशी?
मी टू अभियान का प्यार,
या गुमनाम हस्तियाँ,
प्रसिद्धि, प्रचार छद्मवेशी?
बालिका गृह व्याभिचार
या बालिका गृह सुधार छद्मवेशी?
हमारी स्वस्थ तीखी हँसी या
तुम्हारी बेहाया चौकसी छद्मवेशी?
बिना हिजाब

बिना खिजाब
कौन सफेदपोश?
आज भी अफसोस
आम शोषित आज भी गूंगा
आम शोषितों की न्यायमंडली आज भी गूंगी!
कैसे कहें
कौन होश में और कौन वेहोश?
सबके सब हैं सफेदपोश!

64. तासीर

रे मौन तपी!
चिन्ता की रेखा है गहरी
या बालम धुन की सुर–संगम लहरी!
ठहर जरा ऐ धीर–वीर
पहचान जरा तेरे मौन की
है कैसी तासीर!
सिर चढ़ी, खोखली वर्जनाएँ
भला क्यों मुंह चिढाएँ,
जब चेतना की सर्जनाएँ
पथ प्रशस्त शृंखला रच,
उर्ध्वगामी गीत गाएँ?
ओ सजग प्रहरी!
छद्‌म नियति की गति हर पल लुभायेंगी,
आत्महन्ता प्रवंचना की राह
फिर बल मुँह के गिरायेंगी,
जीवन तमिस्राद्वार पर
कलुष झंझा पार कर
भूल मत तुमने पथिक!
खुद से मिलन की साधना के
संकल्प दीपक हैं जलाएँ,
निर्भीक, निर्विकार, निर्बंध भाव
अन्तःकरण के द्वार की बँद साँकल भी उठाये,

कर्मवीर मेरे!
अब शब्द–बंधक,
तोड़ बंधन बज उठें श्रीराग में कब,
श्रेष्ठ और सर्वोत्तम क्या?
सब तय करेंगे है तेरे मौन की तासीर में क्या।

65. मन के परिंदें

मन के परिंदे
जरा धीर धरो
आकाश तुम्हारा है,
उड़ना पर देखना
बहेलिये का जाल,
उस पर बिछायी गयी
सुगंधित बासमती
चावल की ढाल,
बदल न दे कहीं
तुम्हारे उड़ान के
लक्ष्य की चाल,
जीतना होगा खुद की
मनोवृत्तियों का
दुष्कर द्वन्द्व युद्ध,
निर्भय, निर्द्वन्द्व
परिंदा तू प्रबुद्ध,
उड़ ले जी चाहे
जितना निर्बाध,
है सिर्फ तेरा ही
प्रखर आकाश!

66. परिवर्तन

खामोशियां गा रही थी
गीत क्रांति के,
भ्रम था कि
आवाज नहीं आयेगी,
शक्ति के वरद पुत्रों!
करो सत्य का आवाहन,
जयघोष की अनुगूँज के साथ
भव्य चक्रवात
सारी आपदाओं को लीलते हुए,
अखंड, अनवरत सिंहनाद!
बन अदम्य तू शक्तिमान!
वर्षों से फलित,
नैतिकता के निर्वस्त्रण का
पुनरावरोहण,
अपूर्ण, अगणित
चुनौतियों के कर्ज का
चक्रवृद्धि ब्याज के साथ तर्पण,
तेरे ही वश में है पर
है कौन शक्ति का वरद पुत्र?
नेपथ्य से तो निकलो बाहर
खण्ड–खण्ड नासूर बनी घावों के
अंग काट फिकवाना है!
परिवर्तन लाना है!

67. चीख

वक्त कम है
जिन्दगी में
फिर भी मचा
फसाद क्यूं,
इश्क की
हँसती गली में
घूमे है सैय्याद क्यूं,
ठहर जरा!
सोजे वतन की बंदगी में
है अगर तू खड़ा,
तो कभी कबीरपन से
कुछ तो ऐसा कर बड़ा,
रोक दे बारूद का
विप्लवी फलसफा
बंद कर
स्वार्थ का ये ज़लज़ला
करवफ़ा,
जरा देख तो!
जहाँ भी हैं घर जले
बेजुबान जानवर
आदमी भी

चीख–चीख हैं मरे,
सुन तो तू!
जला रहा है देश क्यूँ
बदल–बदलकर वेश तू?
जमीर से तो डर जरा
क्या रुधिर से ही सींचकर
खिला सकेगा धरा?
जरा सोच तो!
अपने ही कूकृत्य पर
तू लजा, तू लजा
काल का गाल भी
हो रहा अब बड़ा,
मातृभूमि चीख–चीख
दे रही है सदा ठहर जरा!

68. कौन कितने पानी में

कोई राजनीति की
कोई लूटनीति की
कोई फूटनीति की!

कोई अनर्गल बहस की
कोई तहस–नहस की
कोई अपने हवस की!

कोई बेसूरे विलाप की
कोई छद्‌म प्रेमालाप की
कोई हत्या संताप की!

कोई सेंक रहे हैं रोटियाँ!
कोई फेंक रहें हैं रोटियाँ!
कोई बोल रहे हैं रोटियाँ!
कोई तोल रहे हैं रोटियाँ!
कौन कितने पानी में कौन बतायेगा?
पानी की मछलियाँ या पानी के मगरमच्छ?

69. दिमागी वायरस

ग्रुप ऑफ वायरस तो–
तुम भी हो, तुम भी हो
तुम भी और तुम भी हो
शायद मैं भी,
हम सभी मानव हैं
वक्त है, एकांत है,
तुम भी सोचो, हम भी सोचें,
पर झूठी दलीलों से बचना
खुद को सही बताने के लिए,
जरूरी है ये प्रेम पुलकित
निर्बंध साँसें जीने के लिए,
वायरस सार्स कोविड–2 के
संक्रमण से फैली बीमारी
कोविड–19 के साथ–साथ
और किन–किन वायरसों का खात्मा जरूरी है
कि हम–
चीन की तरह व्यापारी न बने प्रेम के?
आत्महन्ता न बनें?
कि जिन्दा रहे
हमारे दुष्कृत्यों का अपराध बोध?
जाए वो साँसों के साथ ही जाए?
जरूरी है प्रेम की मुक्ति के लिए,

कोविड –19!
तुम क्या लेने आए हो
हमारे प्राण जो हमारी आत्मा है?
नहीं ले जा सकोगे
नश्वरता का बोध भयमुक्त कर गया है,
आत्मा हवा में झूलेगी,
अमरता देगी प्रेम को
तुम लेकर झेलना
सड़े हुए शरीर की दुर्गंध को,
प्रेम के बिना विश्व के राजा बन पाओगे?
कभी नहीं, नहीं कभी नहीं!
प्रेम तो बस सिखाता है
जिसकी छत्र छाया में
नश्वर शरीर बैखौफ मुस्कुराता है।

70. जमीर

जुनूने जमीर
बड़ी बेहायगी से
लांघ गया दहलीज,
चल रहा है आदमी
हर चाल कुत्सित,
गरज रहा अब शेर
अपनी माँद में ही,
बांवियों में भर रहा
खुद का ही
जहर अब साँप भी,
आदमी की
नग्नता का पाठ
बन संक्रामक संवाद,
हर योनि के
संस्कार में विख्यात।

71. द्विजिह्व

वो आदमी है!
कहता है
ईमानदार हूं मैं!
पर ऐसा तो
सभी आदमी कहते हैं!
ये सभी आदमी कौन हैं?
जो ईमान की सख्शीयत में
घुन की तरह
कर्र–कर्र कर रहे हैं?
खाये हुये दरख्त से
द्विजिह्व की तरह झर रहे हैं
चमन में मात्सर्य भर रहे हैं?

72. संक्रमण

स्वयं की ही
वृत्तियों की दहलीज का
परोसकर लजीज सा,
हो रहा है अतिक्रमण
और हम कह रहें हैं हो गया है संक्रमण!

व्यक्ति और परिजन
समाज और अब
राष्ट्र का भी अधिग्रहण,
हर एक कुनबा बीमार जघन्य
और हमकह रहें हैं हो गया है संक्रमण!

प्रलय की हुंकार
ब्रह्मा भी लाचार
कौन मनु, श्रद्धा कौन?
करे कौन पुनर्सृजन,
विष ग्रास को ही प्राप्त
जब हाइजीनिक संरक्षण!
और हम कह रहें हैं हो गया है संक्रमण!

—डॉ. राखी रानी
देवघर महाविद्यालय, देवघर